L'oie de la vie

Victoire GERVELAS

L'oie de la vie

SOMMAIRE

LES ÉTAPES À PASSER :

LE PLEIN D'ÉMOTIONS :

LES « PLUS » DE LA VIE :

PRÉFACE

Bienvenue à toi qui lis ces premières lignes.

Je suis ravie de pouvoir te partager ici un peu de moi, grâce à ce recueil de poèmes qui, je l'espère, te plaira.

Laisse-moi te planter le décor !

Pour commencer, sache que je vais te tutoyer tout au long de mes écrits. C'est un parti pris qui est mûrement réfléchi.

Ici donc, nul vouvoiement de rigueur, qui n'aurait aucun sens dans ce condensé de mes humeurs.

Tu vas pouvoir naviguer dans ma conception du jeu de la vie, truffée de conclusions et de conseils aguerris.

Tout un programme que j'ai choisi avec soin.

C'est parti, tourne-moi cette page avec entrain !

LES ÉTAPES
À PASSER

Chapitre 1 – Le pont

Lorsque tu as envie d'avancer dans ta vie,

Qu'une nouvelle étape pourrait être franchie,

Qu'il est temps d'y aller et de voir plus grand

Ou de faire les choses un peu différemment

Mais pour cela, tu dois laisser quelque chose

ou quelqu'un,

Et ce, souvent, pour ton plus grand bien !

Les ponts te stimulent et te rendent euphorique,

Ou te prennent à la gorge et altèrent ta logique,

Mais quoi que tu recherches, le plus important

Est de te faire confiance et de prendre ton temps.

Car il n'y a rien de pire que de traverser ces ponts

En doutant de l'issue de toutes tes décisions

Chapitre 2 – L'escalier

Tu en verras toute ta vie, je te le souhaite sincèrement

Car cela signifie que tu es en mouvement.

Peu importe les obstacles que tu pourrais rencontrer,

Rien n'est jamais perdu, continue d'avancer !

Et tu pourrais penser : « Ce n'est pas facile parfois. »

Mais je te répondrais : « Vas-tu abandonner là ? »

Car si les ponts peuvent être très effrayants,

Les escaliers, eux, sont vraiment enivrants !

Faire de ton mieux pour aller au bout du chemin

Et te rendre compte qu'il n'y a aucune réelle fin

Car ces escaliers sont là pour te challenger

Ils te musclent, te sculptent, te font voyager

Finalement, dis-moi, n'est-ce pas plus amusant

De savoir que la route ne manquera pas de piquant ?

De te perdre, de courir et parfois de tomber

Mais d'être toujours plus fort, et pouvoir te relever ?

Alors, n'aie plus peur du temps que cela te prendra

Pour monter toutes ces marches, une à une, pas à pas

La beauté dans tout ça, tu l'auras bien compris,

N'est pas la fin du voyage, mais toutes ses péripéties

Chapitre 3 – Le labyrinthe

Certains s'en sortent sans encombre, sans déboire

Quand d'autres luttent seuls dans l'ombre, dans le noir

Eh oui, ces moments difficiles, c'est certain,

Se vivent de multiples façons, selon chacun,

Être perdu peut être un leurre, désorienter,

Faire ressurgir nos plus grandes peurs et nos regrets,

Nous faire passer un autre cap dans notre vie,

Prendre notre destin en main, être accompli

Mais cet état de perdition ne dure qu'un temps,

Bientôt, retour à la raison, heureusement !

Chapitre 4 – Saute-mouton

Parfois un coup du sort, une opportunité,

Qui se met sur ta route te permet d'avancer,

Ou bien l'aide d'un ami, qui décide pour ton bien

De faire tout son possible pour t'emmener plus loin,

Mais d'où que cela vienne, ce qui est important,

C'est saisir cette chance, tant qu'il est encore temps

Car souvent nous voyons les choses du passé

Telle une bénédiction quand elles s'en sont allées

Chapitre 5 – La prison

Elle peut être dans ta tête

Ou bien emprisonner ton cœur

Le plus dur dans cette tempête

Est de croire en une fin meilleure

On se la crée souvent soi-même

On alimente toutes ces pensées

Il suffirait que l'on s'aime

Pour réussir à s'en libérer

La prison, c'est ta vision du monde,

La façon dont tu le perçois,

Décide de croire que tout abonde

Et je t'assure que ça ira

Je sais que c'est facile à dire

Cela peut sembler « réchauffé »

Mais, crois-moi, derrière tous ces dires

Se cache là tout mon passé

Tu peux décider de me croire,

Ou préférer rester terré

Au fond, cet état de cauchemar

N'attend que toi pour s'achever

Chapitre 6 – En toute conscience

Dis-moi seulement ce qui te freine

Est-ce de t'imaginer échouer ?

Ou peut-être que l'on te reprenne

Tout ce que tu as pu miser ?

Sans risque, tu le sais, les choses

Stagnent et manquent souvent de goût,

Imagine-toi cette vie morose

En vaudrait-elle vraiment le coup ?

Essaie d'y aller pas à pas,

De maîtriser tes ambitions

Travailler ta confiance en toi,

Tout ira mieux de cette façon !

Chapitre 07 – L'hôtel

Il est temps ici, mon ami, de faire une pause,

Nécessaire à tous dans une vie, parfois elle s'impose,

Ne déroge pas à cette règle faite pour ton bien,

Tout refus de ta part pourrait rallonger ton chemin,

Parce que l'idée ici est bien de prendre réflexion,

De changer ton destin de la meilleure façon,

Avancer à pas aguerris, ralentir s'il le faut,

Recharger tes batteries, repartir de zéro !

Chapitre 8 – Patience

Un pas après l'autre, doucement, mon ami,

Ici, rien ne presse, où cours-tu sans répit ?

Des projets plein la tête, envie de réussite,

Un besoin de conquête qui te pousse à faire vite !

Mais patience surtout, ne saute pas les étapes,

Il serait fort dommage qu'au final tu te rates,

Mieux vaut prendre ton temps, plutôt que de foncer,

Mettre en place un vrai plan, ne pas te disperser !

Chapitre 9 – Le jour se lève

Tu marches tranquillement, suis le cours de ta vie,

Remplie d'insouciance, presque trop dans l'acquis,

« Mais pourquoi s'inquiéter, tout va bien dans le fond

Si le beau temps persiste, autant en profiter, non ? »

Tout à fait, mon amie, ne te prends pas la tête

Mais souvent il est dit : « Après le calme, la tempête. »

Quand les grands arcs-en-ciel sont présents, tu souris

Mais comment réagir si ton ciel s'assombrit

Il est sûr que le jour finit par se lever,

Alors, accroche-toi bien afin d'y arriver !

Car ces moments pluvieux sont là pour une raison,

Ils façonnent ton esprit, te renforcent, tiens bon !

Et si le clair des beaux jours tarde trop à venir,

La roue tourne, sois certain d'un meilleur avenir !

Chapitre 10 – En route

19

N'aie pas peur de savoir ce que tu veux vraiment,

C'est un point qui peut être un vrai gain de temps,

Pouvoir dire où et comment tu préfères avancer

T'aidera sans aucun doute à accomplir tes projets,

Profite donc de cette chance pour mettre le turbo,

En confiance tu avances alors jette-toi à l'eau,

Mets de côté tes freins et ta peur d'échouer,

Prends ton destin en main, en toute sécurité

LE PLEIN D'ÉMOTIONS

Chapitre 11 –
Rencontre inattendue

Une rencontre inattendue,

dans les cuisines de ce palace

Très vite une belle alchimie,

des points communs brisèrent la glace

Dans l'euphorie de nos débuts,

notre jeunesse parla pour nous,

Ne pouvant bientôt plus cacher

que ce serait « Ensemble jusqu'au bout »

Cette révélation nous remplit de joie,

mais n'était-ce pas trop présomptueux,

De vouloir si tôt sauter le pas

et de nous construire un avenir à deux

Et presque trop beau pour y croire,

il nous fallut un certain temps

Afin de réellement voir

qu'un « nous » était juste évident

Mais comme après chaque tempête,

le soleil finit par briller

L'amour véritable entre deux êtres

parvient toujours à triompher

Près d'une décennie d'aventures

nous attendait alors toi et moi

Des joies, des peines et des coupures,

mais rien que l'on regrettera

Car au fond de nos cœurs,

même lorsque nous sommes séparés

Persiste toujours cette lueur

de finir par nous retrouver.

Chapitre 12 –
La force de l'attraction

C'est dans ces moments-là que la vie se joue de nous,

Tellement imprévisible, mais si vite nous rend fou,

Une attirance indescriptible, presque mystique,

Qui s'empare de notre être, nous rend euphorique,

Le besoin de se poser pour reprendre nos esprits,

Se ressent fortement, toute notre âme nous supplie

Mais à peine le temps de reprendre une bouffée,

Que l'être choisi inonde déjà nos pensées,

La vie est taquine, elle repousse nos limites,

À nous d'en tirer profit et de la rendre unique !

Chapitre 13 –
En quantité illimitée

Il fait partie de ta vie, plus ou moins intensément

Qu'il soit pour toi ou autrui, c'est le plus fort sentiment

Il t'accompagnera partout, tel un fidèle ami

Que tu le veuilles ou non, vous êtes tous deux unis

Profite de chaque instant passé à ses côtés

Car son puissant pouvoir peut vraiment t'étonner

Te guider vers des rencontres, parfois inattendues

T'envelopper de bonheur, t'emmener vers l'inconnu

Oui, l'amour est puissant, merveilleux, infini,

Il change avec le temps, mais jamais ne faiblit

Chapitre 14 – Des pressions

Viennent-elles de toi ou de l'extérieur ?

Et quel pouvoir ont-elles sur ton bien-être intérieur ?

Pose-toi ces questions dans un tout premier temps

Connaître la cause de tes maux est le plus important

Car la source n'est souvent pas celle que tu crois,

Tu te ronges les sangs sans même savoir pourquoi

Et ce poison peut parfois vraiment t'infecter,

Il est donc vital de pouvoir l'éliminer

Chapitre 15 – Solitude

À toi, ma fidèle amie,

en moi depuis toutes ces années,

Notre relation n'a pas toujours été simple,

mais elle continue d'avancer

À nos débuts,

à tort je ne voulais que t'éviter

Mais dans les moments les plus forts,

toi seule as su m'apaiser

Tu es souvent mise à l'écart

et jugée triste compagne,

Pourtant tu m'aides à me révéler,

ta simple présence m'accompagne

Lorsque la foule me bouleverse

et que tu viens à me manquer

Une seule question me traverse :

où es-tu, ma fidèle alliée ?

Chapitre 16 –
Quand frappe la foudre

Tu ne peux l'expliquer, c'est un fort ressenti,

Toutes tes pensées s'emmêlent, tu sens que tu faiblis,

Et comment supporter ce chamboulement soudain,

Un envoûtement, penses-tu, ou peut-être le destin,

Qui décide sans raison de mettre sur ta route

Cet être inespéré pour qui naissent tous ces doutes,

Mais ne lutte surtout pas contre ces émotions,

Aussi fortes soient-elles, ce n'est pas sans raison,

Écoute attentivement ce que ton cœur te dit

Il pourrait bien s'y cacher l'amour d'une vie

Chapitre 17 – Beauté libérée

Elle est en toi depuis toujours
Concentre-toi bien pour la voir,
Elle touche tout ce qui t'entoure
Il te suffit pour cela d'y croire
Choisis ensuite tes vraies couleurs,
Celles qui te correspondent le mieux
Dévoile enfin ces belles lueurs,
Qui souhaitent illuminer tes yeux
Ta beauté s'exprimera toujours,
Si tu lui en laisses l'occasion
Sers-t'en pour conquérir le monde
De la plus belle des façons

Chapitre 18 – Juste un instant

Accorde-moi un instant, mon amour, je te dis,

Un seul petit moment de partage, d'envie

D'avancer avec toi, ne jamais te quitter,

Te faire voir mon émoi, t'inciter à m'aimer.

Si c'est irrationnel, pardonne-moi cet affront,

Je sors d'un sommeil qui fut bien trop profond,

Je pourrais te compter ma liste de sentiments,

Pour toi, faire des projets de nos futurs moments,

Je ressens toutes ces choses pour la première fois,

Et si tu t'y opposes, mon cœur en souffrira,

Prenons ce temps alors, mon amour, je t'en prie,

Et passons cet accord de nous deux pour la vie !

Chapitre 19 – En un regard

Tu m'as vue arriver de loin, j'étais dans mes pensées

Mais au coin de ce magasin, je les ai enfin remarqués

Ton regard doux et profond et puis ton beau sourire

M'ont invitée à poser les yeux sur toi et à t'éblouir

Tu n'as même pas tenté de le cacher, bien au contraire

Et je me sentais déjà submergée que tu sois si sincère

On se disait tellement de choses sans même se parler

Cette connexion était évidente, impossible à nier

Il a fallu un certain temps afin de briser ce silence,

Mais cette attente n'a fait que renforcer notre attirance

LES « PLUS »
DE LA VIE

Chapitre 20 – Les mots

Les mots ont un pouvoir incroyable !

Une telle puissance qui embellit ou brise l'âme,

Gare à toi si tu souhaites les utiliser pour blesser

Car les maux que tu infliges te sont souvent adressés

Tu as alors tout intérêt à les choisir avec soin

Prendre ton temps et réfléchir, pour ton plus grand bien

Loin de moi l'envie de te faire la morale,

Mais plutôt soucieuse de t'éviter tout mal,

Car d'amour et de soutien mes mots sont inspirés

Avec plaisir je souhaite que tu l'aies deviné.

L'expérience de la vie t'en fera oublier certains,

Et ceux qui t'ont le plus touché, en toi, ne feront qu'un,

Mais le mieux, si tu souhaites avancer sereinement,

Est de rester positif et surtout bienveillant

Chapitre 21 – Les objectifs

Tu peux tout réussir, sois-en sûr et certain,

Ton avenir se profile tout au long du chemin,

Tes prises de décision auront un fort impact,

Chaque pas est un succès, alors prends-en bien acte,

Car même si tes projets te paraissent trop grands,

Aucune de ces pensées ne prendra les devants,

Et lorsque tes objectifs semblent durs à dépeindre

Redouble alors d'efforts afin de pouvoir les atteindre !

Chapitre 22 – Fidélité

Aucune fausse promesse,

juste l'envie de t'aimer,

Toute ma vie, je le confesse,

je t'ai voulu à mes côtés,

Une union parfois complexe,

qui nous teste chaque jour,

Mais qui reste sans conteste

une preuve de notre amour,

La force de nos sentiments est claire,

je me battrai pour nous garder,

Quoi que l'avenir nous réserve,

toi seul je désire à mes côtés

Chapitre 23 – Du bout des doigts

Il est tout près, je peux le sentir à quelques pas de moi

Croire en lui m'aide toujours, même si je ne le vois pas

J'ai conscience de ce pouvoir que j'ai entre les mains

À moi de vivre mon histoire et de relier nos chemins

En toute clairvoyance, j'avance, jour après jour,

Avec le temps, je ne vois que la force de cet amour,

En réalité plus aucun doute ne m'est permis

Pour réaliser ce rêve, il me faut déjà être accomplie !

Chapitre 24 – Résilience

Quelles que soient les épreuves qui sont en chemin,
Sache que ta résilience est ton outil du quotidien,
Apprends donc à la manier avec dextérité,
Plus tu pratiqueras et mieux tu sauras la gérer
Chaque jour l'extérieur voudra se jouer de toi,
Mais grâce à ta force intérieure n'y parviendra pas
Relève la tête, reste droit, impose le respect
Et même lorsque tu souffres, avance avec dignité,
Car c'est dans ces moments qu'il te faut te grandir,
Montrer au monde ta puissance et croire en l'avenir !

Chapitre 25 – Les choix

Est-ce un problème pour toi de prendre des décisions ?

Ou as-tu des facilités à choisir entre plusieurs options ?

Peut-être un peu des deux, tout dépendra du sujet

Parfois il n'est vraiment pas simple de se prononcer

Pour passer au-dessus, tout se joue en confiance,

Tu es capable de bien plus que tes propres croyances,

Ce jour où tu décideras d'oublier toutes tes peurs,

Alors s'ouvriront à toi les plus belles faveurs

Chapitre 26 – C'est positif !

Si les choses ne se passent pas comme tu le souhaites

C'est positif !

Si ton bonheur ne dépend d'aucun autre être

C'est positif !

Si tu gardes un bon état d'esprit au quotidien

C'est positif !

Si tu sais admettre quand tu ne vas pas bien

C'est positif !

Si tu n'as pas réussi à obtenir ce que tu pensais vouloir

C'est positif !

Si tu connais la valeur de ton propre pouvoir

C'est positif !

Si tu peux te remettre en question sans te juger

C'est positif !

Si tu sais te motiver pour continuer à avancer

C'est positif !

Chapitre 27 – Manifeste !

Fais-tu partie de ces gens qui pensent que tout est écrit

Ou penses-tu avoir le choix des décisions sur ta vie ?

Il n'y a pas de juste réponse, prends ce qui est en toi

Décide de ce qui a de l'importance et cela en aura,

Sache que tout est possible et vraiment réalisable

Il te suffit d'y croire pour que ça devienne palpable

Alors manifeste en conscience chaque chose désirée

Tu verras bientôt ces changements dans ta réalité

Chapitre 28 –
N'est-ce pas merveilleux ?

D'avoir toujours le pouvoir sur ce qu'est et sera ta vie

N'est-ce pas merveilleux ?

D'être aimé sans avoir à changer pour autrui

N'est-ce pas merveilleux ?

De savourer chaque jour, chaque instant avec gratitude

N'est-ce pas merveilleux ?

De changer parfois ta routine et tes habitudes

N'est-ce pas merveilleux ?

De savoir qui tu es et d'en être vraiment fier

N'est-ce pas merveilleux ?

D'avoir assez confiance pour franchir ces barrières

N'est-ce pas merveilleux ?

D'apprécier réellement ta propre compagnie

N'est-ce pas merveilleux ?

De pouvoir tout obtenir sans aucun compromis